AF249901

ADRESSE

AUX FRANÇAIS

DE LA

SOCIÉTÉ FRATERNELLE,

SÉANTE AUX JACOBINS S. HONORÉ.

ADRESSE

AUX FRANÇAIS

DE LA

SOCIETÉ FRATERNELLE

DES DEUX SEXES,

DÉFENSEURS

DE LA CONSTITUTION,

SÉANTE AUX JACOBINS S. HONORÉ.

A PARIS,

Chez la Veuve TRASSEUX, Place Dauphine,
N°. 31.

———

1791.

ADRESSE

AUX FRANÇAIS

DE LA

SOCIÉTÉ FRATERNELLE

DES DEUX SEXES,

DÉFENSEURS

DE LA CONSTITUTION,

SÉANTE AUX JACOBINS S. HONORÉ.

Sur la déclaration ou protestation des Membres du côté droit de l'Assemblée Nationale.

FRÈRES ET CONCITOYENS,

Les plus grands crimes, les plus odieux attentats se succèdent sans cesse de la part des

ennemis de notre sainte constitution , du bonheur et de la tranquillité de notre patrie.

Ce n'étoit pas assez pour eux de s'être,
depuis deux ans , opposés de toutes leurs forces
à l'avancement et au parachèvement de la ré-
génération de l'Empire français ; d'avoir semé
par-tout le trouble et le désordre ; d'avoir
plongé l'Etat dans la détresse et le peuple
dans la misère , en faisant émigrer les plus
riches citoyens , et sortir de France tout le
numéraire. Ce n'étoit pas assez pour eux
d'avoir secondé les desseins du plus ingrat des
princes , et de lui avoir procuré les moyens de
parjurer ses sermens les plus sacrés , de fouler
aux pieds les loix qu'il avoit lui-même sanction-
nées ou acceptées ; enfin de s'enfuir du milieu
de sa nation pour se mettre à la tête des bri-
gands soudoyés , qui devoient porter dans
son sein la flamme et le carnage , il falloit
encore que ces pervers se parjurassent eux-
mêmes à la face de la terre et des cieux , et

qu'ils eussent l'audace de déclarer, qu'encore qu'ils rougissent d'être membres de l'Assemblée nationale, ils veulent rester dans son sein, non pour l'aider à consommer le grand et sublime ouvrage de la constitution, mais pour l'en empêcher.

Ce crime est-il assez atroce, assez audacieux? Eh bien! frères et concitoyens, près de trois cents membres de votre auguste Diète viennent de s'en rendre coupables.

Les principaux points de notre constitution sont :

1°. L'abolition des ordres et des priviléges ;

2°. La souveraineté, l'unité et l'égalité dans la collection des citoyens formant la nation ;

3°. La suppression de la distinction des provinces, pour ne faire de la France qu'un grand tout , divisées en quatre - vingt - trois fractions ou départemens ;

4°. L'abolition des bailliages , sénéchaussées et prévôtés ;

5°. La destruction des titres fastueux et oppressifs du peuple , enfantés par l'orgueil, et maintenus par la tyrannie.

Tous les députés à l'Assemblée nationale avoient juré individuellement, le 4 février 1790 , de maintenir tous ces articles constitutionnels.

Le 14 juillet suivant , ils avoient renouvelé ce serment en présence de l'Être suprême et de tous les Français réunis à la fédération générale.

Ce serment , ils l'ont tous réitéré le 21 juin dernier , à l'époque de la fuite honteuse et perfide du premier fonctionnaire public ; et

les monstres ! ils osent, dans leur odieuse déclaration, parjurer tous ces sermens, protester
contre cette même constitution qu'ils avoient
si solemnellement juré de maintenir et de dé-
fendre ; en violer tous les points fondamen-
taux !

Il n'y a plus d'ordres en France, et ils se
signent députés de l'ordre du clergé, de l'ordre
de la noblesse, de l'ordre du tiers-état ; mot
odieux autant qu'avilissant, et qui devoit être
à jamais retranché de notre langue.

Il n'y a plus de provinces, de bailliages,
de sénéchaussées, et ils se qualifient du titre
de députés de tels bailliages, de telles provinces, de telles sénéchaussées.

Il n'y a plus en France de titres héréditaires,
et ils se décorent des vains titres de ducs,
de marquis, de comtes, etc.

Il est reconnu, consacré que la souveraineté réside essentiellement dans la nation , et ils osent la faire résider uniquement dans l'individu royal , et ne laisser aux représentans du peuple que le titre de conseillers de l'homme-roi. Peut-on manifester un mépris plus insultant pour les principes constitutionnels ? Se révolter plus effrontément contre les loix ? Outrager d'une manière plus sanglante un peuple souverain et libre ?

Et de quel prétexte ces lâches députés veulent-ils colorer leur révolte et leur parjure ? De ce que l'Assemblée nationale , lors de la fuite de Louis , s'est ressaisie , au nom de la nation et pour son salut , des pouvoirs qu'il avoit délaissés ; de ce que cette auguste Assemblée a suspendu dans les mains d'un roi parjure et traître , l'exercice de la royauté ; mais leur véritable motif est qu'ils redoutent que la nation n'exerce envers son premier fonctionnaire le plus important de ses droits, celui de juger tous ceux à qui elle a confié l'exercice des pouvoirs de la souveraineté qui ne réside qu'en elle. Ils redoutent que Louis soit jugé, parce qu'ils sentent que les conséquences et les suites de ce jugement retomberoient sur eux, conseillers et complices du plus grand des crimes qu'ait jamais commis aucun prince. Voilà l'unique motif, le seul intérêt qui dirigent la conduite odieuse de ces mandataires insolens et infidèles. Qu'en résulte-t-il de cette conduite ? Il en résulte qu'ils ne sont plus les représentans du peuple français ; qu'ils se sont dépouillés eux-mêmes de ce titre auguste, en s'en rendant indignes par leur révolte, leur trahison et leur félonie ; qu'ils n'ont plus le droit de siéger dans le sénat nationale, et qu'ils doivent y être remplacés par des hommes aussi vertueux qu'ils sont pervers, aussi fidèles qu'ils sont traîtres et parjures.

Ceux qui n'étoient dans l'origine députés que des ci-devant ordres de la noblesse et du clergé, ont perdu leur titre et leur caractère de députés lors de l'anéantissement de ces ordres, par la raison qu'on ne peut représenter activement ce qui n'existe plus. Du moment de cette suppression d'ordres, les députés de ces ordres n'avoient donc plus ni droit ni qualité pour siéger parmi les législateurs de la France. Ce n'a été que par grace que l'Assemblée nationale a substitué en leur faveur, au titre qu'ils n'avoient plus, le titre sacré de représentans de la nation ; mais puisqu'ils abdiquent eux-mêmes ce titre pour reprendre celui que la constitution a détruit, il ne leur en reste aucun, et ils doivent être chassés du corps constituant qu'ils souillent par leur présence.

Quant à ceux qui étoient dans le principe députés du corps national, appelé autrefois si indécemment *tiers-état*, et qui ont eu la bassesse de signer l'infâme déclaration du 6 juillet 1791 , ils étoient véritablement les représentans du peuple français ; mais puisqu'ils méconnoissent la souveraineté de la nation, qu'ils se

(13)

révoltent contre la constitution, qu'ils parjurent leurs sermens, qu'ils veulent ramper en esclaves aux pieds d'un despote, ils sont déchus du titre sublime de représentans d'un peuple dont ils trahissent la confiance et les intérêts les plus chers.

Frères et amis, daignez prendre dans la plus haute considération les observations fraternelles que nous vous adressons. Au nom de la patrie, ne laissez pas au nombre de vos représentans vos plus cruels ennemis, des hommes qui ne rougissent pas de vous dire eux-mêmes qu'ils n'y veulent rester que pour empêcher la confection de la constitution, et le rétablissement de votre tranquilité et de votre bonheur.

Ordonnez en souverains à ces mandataires infidèles, à ces lâches déserteurs du plus noble des postes, de s'éloigner pour jamais du sanctuaire de la souveraineté, et nommez sur-le-champ pour les remplacer, des hommes éclairés, vertueux et patriotes.

Signé, PEPIN-DÉGROUHETTE.

EXTRAIT DU PROCÈS - VERBAL de la Société Fraternelle du 8 juillet, l'an II de la liberté.

LA SOCIÉTÉ FRATERNELLE, en applaudissant à l'adresse ci-dessus, a arrêté, à l'unanimité, qu'elle sera imprimée au nombre de mille exemplaires, et envoyée dans toutes les Sociétés patriotiques du royaume.

Signé, MATHIEU, prêtre, *Président*,

MAUBANT, L. NOEL, GAUDET-DUFRESNE, *Secrétaires.*

www.ingramcontent.com/pod-product-compliance
Lightning Source LLC
LaVergne TN
LVHW050426060726

842526LV00007B/2462